MEMENTO JURIDIQUE

A L'USAGE DES

PROPRIÉTAIRES ET LOCATAIRES

François BERTRAND, Éditeur, 11, Rue du Louvre, PARIS

Pour la vente en gros de ce Memento, s'adresser à :

Mme Vve Léon HAYARD

8, Rue du Croissant, 8 — PARIS

CHAPITRE PREMIER. — *DES BAUX.*

La location d'une chose s'effectue au moyen d'un contrat, appelé *bail à loyer*, passé entre le propriétaire (bailleur) et le locataire (preneur).

Nous allons examiner sous quelles formes et dans quelles conditions ce contrat peut être passé.

Article 1714. Code civil : « On peut louer ou par écrit ou verbalement ».

Le bail écrit peut être fait soit par acte notarié, il est alors dénommé *bail authentique*, soit *sous seing privé*.

Bail authentique.

Le bail authentique est le seul dont puissent faire usage les contractants dont l'un au moins ne sait pas signer.

Le notaire conserve la minute de ce contrat et il est toujours possible de s'en procurer une copie.

ENREGISTREMENT. — L'enregistrement du bail authentique doit avoir lieu dans les dix jours ; le notaire est responsable en cas de retard.

Le bail authentique confère au propriétaire le droit de faire pratiquer une *saisie exécution* de suite après commandement.

Bail sous seing privé.

Ce contrat est celui qui est passé entre les parties sans l'intervention du notaire. C'est le bail le plus usité. Une fois enregistré, il a la même valeur que le bail authentique en ce qui concerne les charges, clauses et conditions; mais il ne permet au propriétaire que d'expulser le locataire qui n'aurait pas payé son terme et d'opérer *une saisie gagerie*.

Le bail sous seing privé doit être fait en autant d'exemplaires qu'il y a de parties au contrat, et chacun des originaux doit indiquer que cette formalité a été remplie : *Fait en double, en triple, etc.*

FORME. — Les baux sous seing privé doivent être écrits sur papier timbré, lisiblement, sans blanc ni intervalle, sans aucune abréviation.

Il est absolument interdit, sous peine d'une amende de 5 francs, d'écrire sur l'empreinte du timbre.

Il est nécessaire d'y écrire en toutes lettres les dates et les sommes énoncées, afin d'éviter toute confusion, comme il est indispensable que la signature de la partie qui n'a pas rédigé l'acte soit précédée des mots : *Lu et approuvé l'écriture ci-dessus.*

Les ratures et les renvois portés en marge, ainsi que l'indication numérique des mots rayés nuls, doivent être signés par les parties contractantes.

Si la longueur d'un renvoi est telle que celui-ci doive être reporté à la fin de l'acte, les parties doivent le signer, le parapher et l'approuver.

ENREGISTREMENT. — L'enregistrement du bail sous seing privé doit avoir lieu dans les trois mois, sous peine d'une amende consistant dans la perception du double du droit ordinaire.

Lorsque la durée du bail est déterminée, le droit d'enregistrement est fixé à 25 centimes par 100 francs, sur le prix cumulé de toutes les années.

LE RAINCY (Seine-et-Oise)

Téléph. 52   M. G. SYLVESTRE   Téléph. 52

7, Rond-Point de la Station, LE RAINCY

VILLEMOMBLE (Seine)

M. SCHECKEN

Place de la Station des Coquetiers, VILLEMOMBLE

VILLIERS-SUR-MARNE (Seine-et-Oise)

Mme Veuve Jules BERTAUX

1, Boulevard de Mulhouse (Place de la Gare)

LIGNE ST-LAZARE (Gare Paris St-Lazare)

LE VÉSINET (Seine-et-Oise)

M. Léon BARGNER (Ancienne Agence Voytot-Chardin)

55, Av. Maurice-Berteaux (Anc. Av. du Chemin-de-Fer)

Téléph. 48   LE VÉSINET   Téléph. 48

MAISONS-LAFFITTE (Seine-et-Oise)

M. NORMAND

44, Av. Longueil (à côté du café de la Station)

Téléph. 152 — *Bureaux fermés tous les lundis*
et Bureau à Paris 24, rue de Milan
mardi et mercredi, 9 h. à 11 h. — Téléph. 309-50

RUEIL-MALMAISON (Seine-et-Oise)

Téléph. 122   M. CHAZEAUX   Téléph. 122

83, Avenue de Paris, RUEIL-VILLE

Prendre à la Porte-Maillot le tramway électrique de St-Germain

LIGNE DE LYON (Paris Gare de Lyon)

FONTAINEBLEAU ET ENVIRONS
Agence des Etrangers, Directeur **M. VIOLETTE**
205, Rue Grande (arrêt du Tramway Gare-Ville)

LIGNE DU NORD (Paris Gare du Nord)

CLAYE-SOUILLY (Seine-et-Marne)
Lignes Est et Nord
M. DELASALLE

ÉCOUEN-ÉZANVILLE A MONTSOULT-MAFFLIERS
M. E. LOTHAMMER
Téléph. **12** à Ecouen

Ezanville (S.-&-O.) — Poste à Ezanville

ENGHIEN-LES-BAINS (Seine-et-Oise)
M. LAURENT — Téléph. **160**
27, Rue de l'Arrivée

SAINT-LEU (Seine-et-Oise)
Mme LEPAUMIER
Place de la Gare à St-Leu (19 min. de Paris)

LIGNE D'ORLÉANS (Paris Gare d'Orléans)

ABLON (Seine-et-Oise)
Téléph. **14** ## M. MAMOUL ## Téléph. **14**
Bureau à Paris, 19, Quai St-Michel
Lundi, Mercredi et Vendredi de 5 h. 1/2 à 7 h.

EPINAY-SUR-ORGE (Seine-et-Oise)

Téléph. 13   **M. PREVOST**   **Téléph. 13**

En face la gare à Epinay-sur-Orge

(Renseignements sur Savigny-sur-Orge, Morsang, Beauséjour
et St-Michel-sur-Orge)

LIGNE DE VINCENNES (Paris Gare de la Bastille)

CRÉTEIL, MAISONS-ALFORT, BONNEUIL

Bureau de la Passerelle.   **M. C.-F. LYON**

31, Quai de Halage à Creteil, SEINE

LE PARC-SAINT-MAUR (Seine)

MM. TOUYON Frères —   **Téléhp. 26**

3, Place de la Gare du Parc

SAINT-MANDÉ (Seine)

M. GIRARD, Architecte S. N.   **Téléph. 47**

33, Rue de la République, ST-MANDÉ

Gérant de Propriétés — Expert près la Justice de Paix

VINCENNES, MONTREUIL, FONTENAY-SOUS-BOIS

Agence BERTRAND   **Téléph. 236**

11, Rue de Montreuil à VINCENNES

CEINTURE-TRAMWAYS

BOULOGNE-SUR-SEINE ET PARC DES PRINCES

Téléph. 284   **M. CASTELAT**   **Téléph. 284**

22, Boulevard de Strasbourg à BOULOGNE

Si la durée du bail n'est pas limitée, les droits d'enregistrement sont calculés sur le temps déterminé par l'usage des lieux.

LIBELLÉ. — Le bail sous seing privé doit mentionner :
1° Les noms, prénoms, professions ou qualités du bailleur et du preneur ;
2° La désignation très exacte des lieux ;
3° L'époque de l'entrée en jouissance ;
4° L'époque à laquelle le bail expirera ;
5° Le montant du loyer ;
6° Les termes de paiement ;
7° Les stipulations particulières des parties.

CLAUSES. — Il y a intérêt pour le bailleur que les clauses du contrat soient rédigées avec la plus grande clarté, car, en cas d'ambiguïté, les tribunaux ont souvent interprété une clause contre le bailleur.
Est *valable* la clause par laquelle le propriétaire impose les réparations au locataire, cette clause ayant pour effet de l'exonérer lui-même de cette charge.
Si le contrat est fait en vue de l'exploitation d'une industrie, d'un commerce, d'une profession quelconque, il est nécessaire que le bail stipule le droit pour le locataire d'exercer cette industrie, ce commerce ou cette profession et de faire poser, en quelque endroit déterminé de la maison, une enseigne.

JARDIN. — Si un jardin avec arbres, légumes, fleurs, est annexé à la maison ou à l'appartement loué, le bail doit comporter une clause par laquelle le locataire s'engage à cultiver et à fumer le jardin ; à tailler les arbres et les vignes sans les abattre ni les arracher ; à remplacer par des arbres sains ceux qui périraient pendant le cours du bail, les bois morts devant être réservés au propriétaire ; enfin à ne modifier en aucune façon la distribution et la destination du jardin.

PROCURATION. — Le bail peut être fait par procuration, mais à la condition qu'elle soit spéciale à cet effet et qu'elle ait été enregistrée.

CONTRAT PAR SIMPLE LETTRE. — Le contrat de louage peut être fait encore par une simple lettre qu'on aura pris soin de faire enregistrer pour timbre, coût : 60 centimes.

Bail verbal

Le bail verbal, dont la manifestation est la possession de la chose louée, présente un grave inconvénient : il est difficile d'en prouver l'existence et les conditions.

Art 1715, Code civil. — « Si le bail fait *sans écrit* n'a pas encore reçu aucune exécution et que l'une des parties le nie, la preuve ne peut être reçue par témoins, quelque modique qu'en soit le prix, et quoiqu'on allègue qu'il y a eu des arrhes données. Le serment peut seulement être déféré à celui qui nie le bail. »

S'il y a contestation sur le prix du bail verbal ayant reçu commencement d'exécution, à défaut de quittance délivrée par le propriétaire au locataire, le bailleur est cru sur serment, à moins que le preneur n'aime mieux demander l'estimation par experts, les frais d'expertise resteraient à sa charge au cas où l'estimation serait supérieure au prix qu'il aurait déclaré (Art. 1716, Code civil).

Si le bailleur a délivré une quittance au preneur, cette pièce fait naturellement foi.

Engagement de location. — Pour les baux verbaux, ainsi que pour les petites locations, on se borne le plus souvent à signer un *engagement de location* qui doit être fait sur papier timbré.

Si l'on utilise des *feuilles de location* imprimées il est nécessaire de les faire timbrer (Coût du timbre : 0 fr. 60).

Dates des locations. — Les locations partent ordinairement à Paris et dans plusieurs autres villes, des 1er janvier, 1er avril, 1er juillet, 1er octobre.

Dans certains départements, les époques de location les plus usitées sont : Notre-Dame (mars), la Saint-Jean, la Saint-Michel et Noël.

Arrhes. — Un bail, quel qu'il soit, peut être fait avec des arrhes. Dans ce cas, chaque partie a le droit de se désister : la partie qui a donné les arrhes en perd le montant si le désistement est de son fait ; si au contraire il est du fait de la partie qui a reçu les arrhes celle-ci en restitue le double.

S'il y a exécution du contrat, les arrhes constituent un acompte sur le prix.

Le versement d'arrhes n'autorise en aucun cas la preuve par témoins si l'une des parties venait à nier le bail.

Parfois, au lieu d'arrhes, le preneur donne un acompte sur le prix de
la location ; la quittance de ce paiement constitue une preuve suffisante
du bail.

Denier à Dieu.

Il convient d'établir une distinction entre les arrhes et le denier à
Dieu.

Le denier à Dieu, en usage à Paris, n'a pas de valeur légale et n'est
pas du reste obligatoire ; il ne constitue pas une preuve de bail.

A la conclusion du bail verbal avec le concierge d'un propriétaire, le
preneur lui verse habituellement une petite somme qui est désignée
sous le nom de denier à Dieu.

Les parties peuvent, autorisées en cela par l'usage, se dédire dans les
vingt-quatre heures en reprenant ou en rendant le denier à Dieu.

Les vingt-quatre heures écoulées, les parties ne peuvent se dédire.

Toutefois, au cas où l'engagement aurait été rompu à la suite d'un
fait imputable au propriétaire et si le concierge retenait le denier à Dieu,
ce serait sans cause, et le preneur pourrait former une demande en res-
titution.

Capacité ou incapacité de contracter un bail.

Tout le monde peut louer ou donner bail à loyer, à la condition
d'être capable de s'engager.

1° Le mineur non émancipé est incapable : seuls, peuvent s'engager pour lui : son père ; s'il n'a pas de père : sa mère ; ou son tuteur s'il est orphelin ;

Toutefois, une exception est faite à cette règle : une location consentie à un mineur ou faite par lui est valable si elle lui a été utile ; cette location ne doit pas excéder une durée de neuf ans ;

2° L'interdit est également incapable ; son tuteur seul a le droit de donner ou de prendre à bail pour un temps n'excédant pas neuf ans ;

3° L'homme pourvu d'un conseil judiciaire ne peut s'engager qu'avec l'assistance de son conseil et si l'engagement n'est pas hors de proportion avec sa fortune ou sa situation mondaine ;

4° La femme en puissance de mari est réputée incapable.

Toutefois, la femme mariée séparée de corps et de biens, et la femme mariée sous le régime dotal, celle-ci pour ses biens paraphernaux, peuvent contracter un bail qui ne pourrait pas excéder une période de neuf ans.

La femme divorcée, si elle est majeure, est capable de s'engager pour une durée quelconque.

En dehors de ces cas, la femme mariée ne peut valablement s'engager qu'autant qu'elle est assistée ou autorisée spécialement à le faire par son mari.

On peut admettre cependant qu'une femme non assistée et non autorisée par son mari peut s'engager dans un contrat de bail, comme mandataire tacite de son mari et non personnellement, mais seulement pour des locations de peu de durée et d'une importance minime ; en ce cas, le mari est responsable.

Un copropriétaire ne peut s'engager dans un contrat à bail sans s'être pourvu du consentement des autres propriétaires.

Un mandataire ne pourrait engager son mandant pour une durée supérieure à neuf ans, à moins d'avoir reçu mandat formel de le faire.

Un mari agissant en administrateur des biens de sa femme, peut donner ceux-ci à bail pour une durée quelconque.

Dans le cas où la dissolution du mariage surviendrait, les baux ne seraient obligatoires à l'égard de la femme ou, à son défaut, de ses héritiers, que pour le temps de bail restant à courir, de telle sorte que le locataire conserve la jouissance jusqu'à la fin de la période de neuf ans commencée.

DURÉE DES BAUX. — Il n'a été fixé aucune limite à la durée du bail, aussi les parties ont toute latitude pour déterminer cette durée à leur convenance, à la condition toutefois qu'elle ne dépasse pas quatre-

vingt-dix-neuf ans ; le contrat passé pour un temps plus long, sans être
nul, serait réductible à cette période de quatre-vingt-dix-neuf ans.
Un bail contracté pour dix-huit ans et au delà devra être transcrit au
Bureau des hypothèques.

Prix. — Dans tout contrat de bail, le prix doit être sérieux, il doit
être stipulé avec la formelle intention de l'exiger ; le prix ne serait pas
sérieux s'il était de beaucoup inférieur à la valeur courante de la chose
louée. En pareil cas, il n'y aurait pas contrat de bail ; il s'agirait seulement d'un prêt à usage.

CHAPITRE II. — *ENTRÉE EN JOUISSANCE*

Dates. — Les dates consacrées par l'usage pour les emménagements
varient avec chaque pays : à Paris, ils peuvent avoir lieu le 1er des mois
de janvier, d'avril, de juillet et d'octobre, c'est-à-dire à chacun des termes
de l'année, si les locaux sont libres.
Mais si le locataire sortant occupe encore les locaux, l'entrée en jouissance a lieu le 8 pour les locations inférieures ou égales à 400 francs,
et le 15 pour celles supérieures à ce prix, ainsi que pour les maisons
entières, les corps de logis entiers, les magasins et les boutiques situés
au rez-de-chaussée sur un passage public ou sur une cour marchande.
S'il s'agit de maisons et d'appartements avec jardin, et que le contrat
de bail stipule que ce jardin est l'objet principal de la location, l'entrée
en jouissance a lieu le 1er octobre.
Nonobstant ces usages, les parties peuvent fixer à leur gré le jour de
l'emménagement.

Délivrance des locaux.

Délivrance et prise de possession. — *Article 1719. Code civil.* —
« Le bailleur est obligé, par la nature du contrat, et sans qu'il soit besoin d'aucune stipulation particulière : — 1º De délivrer au preneur
la chose louée ; »
Si le bailleur est tenu de délivrer la chose louée au preneur, celui-ci
doit en prendre possession à la date convenue par le contrat ou, en
l'absence de bail écrit, à la date déterminée par l'usage.

A défaut de délivrance par le bailleur ou de prise de possession par le preneur, chacune des parties peut contraindre l'autre à remplir son engagement par voie de sommation par ministère d'huissier (coût à Paris 7 fr. 45, en province 6 fr. 85), ou bien demander, avec la résiliation de la location, des dommages-intérêts.

Cette action en résiliation doit être portée devant le Tribunal civil de 1re instance par le ministère d'avoué, quelle que soit l'importance du loyer.

La demande en dommages-intérêts est de la compétence du Juge de Paix jusqu'à concurrence de 300 francs pour la demande du bailleur et de 1.500 francs pour la demande du preneur (à la condition, dans ce dernier cas, que le principe de l'indemnité ne soit pas contesté par le propriétaire ; s'il y avait contestation, la compétence du Juge de Paix ne pourrait être supérieure à 300 francs).

Au delà de ces chiffres, les demandes en dommages-intérêts pour les causes sus-énoncées doivent être portées devant le Tribunal civil de 1re instance.

Si le locataire sortant occupe encore les lieux, le preneur doit :

1° faire procéder à un constat par huissier (10 à 12 francs) ;

2° faire signifier ce constat au bailleur ;

3° faire joindre à ladite signification une assignation en référé, avec la demande de dommages-intérêts (signification et assignation : 8 francs ; enregistrement de l'ordonnance de référé : 5 fr. 05).

CONDITIONS DE DÉLIVRANCE DES LOCAUX. — Le propriétaire doit délivrer les locaux loués avec tous leurs accessoires et avec le droit de jouissance des : cour, jardin, puits, etc., lui appartenant ;

Il doit remettre le tout dans un état de conservation et de propreté qui permette au preneur d'en faire un usage immédiat ;

Il doit aussi garantir le locataire de tous les vices de la chose louée, susceptibles d'en rendre l'usage impossible tels que : cheminées qui fument, caves inondées, pièces infectées de vermine ; il est tenu de prendre toute disposition et de faire le nécessaire de suite pour remédier à ces inconvénients, faute de quoi le bail peut être résilié et le locataire est fondé à réclamer des dommages-intérêts.

LOCAUX CONTAMINÉS. — De même, les locaux loués ne doivent pas être contaminés par une maladie contagieuse ; ce serait une nouvelle cause de résiliation de bail ; aussi le propriétaire doit-il, avant de louer des locaux où il y a eu des malades atteints de maladies infectieuses, faire désinfecter l'immeuble afin de détruire toute trace de contamination

État des lieux.

Lors de l'entrée en jouissance, les parties ont le plus grand intérêt, en vue du règlement des réparations locatives, à établir un *état des lieux*.

En effet, aux termes de l'article 1719 (Code civil) le bailleur est tenu : « d'entretenir cette chose (la chose louée) en état de servir à l'usage pour lequel elle a été louée; et aux termes de l'article 1731 (Code civil), s'il n'a pas été fait d'état des lieux, le preneur est présumé les avoir reçus en bon état de réparations locatives et doit les rendre tels, sauf la preuve contraire; » article 1732 (Code civil). « Il (le preneur) répond des dégradations ou des pertes qui arrivent pendant sa jouissance, à moins qu'il ne prouve qu'elles ont eu lieu sans sa faute. »

Or, cette preuve est toujours difficile, souvent impossible à faire.

Au regard du propriétaire l'état des lieux est souvent d'un intérêt capital : c'est le plus sûr moyen qu'il a de se protéger contre la mauvaise foi du locataire qui pourrait substituer à des objets de valeur d'autres objets d'une valeur moindre.

Par l'état des lieux, le bailleur peut rendre le preneur responsable des dégradations et des pertes survenues par le fait des personnes de sa maison ou de ses sous-locataires, ainsi qu'il y est tenu par l'article 1735 (Code civil).

Au surplus, en cas d'incendie, l'état des lieux permet au propriétaire de se rendre compte des objets qui ont été détruits et de la part qui lui revient.

D'après les usages de Paris, l'état des lieux étant dressé dans l'intérêt réciproque des deux parties, le coût doit en être supporté par moitié par le bailleur et par le preneur.

L'état des lieux doit être établi contradictoirement, c'est-à-dire en présence des deux parties ou de leurs représentants.

Dans la pratique, chacune des parties choisit un architecte et les deux architectes dressent ensemble l'état des lieux.

Avant de faire procéder à cette opération, il sera prudent pour les parties de s'entendre au préalable avec les architectes sur le coût de l'acte; à défaut de quoi, elles pourraient courir le risque de débourser une somme relativement élevée calculée d'après le tarif du Syndicat des Architectes (3 fr. 50 le rôle).

Tout état des lieux qui ne serait pas contradictoire n'aurait aucune valeur pour la partie absente.

Au cas où l'une des parties refuse de concourir à l'état des lieux, la partie adverse peut l'y contraindre d'abord par simple billet d'avertissement devant le Juge de Paix qui, pour tenter l'accord, peut nommer à l'amiable un ou deux experts commis à la confection de l'état des lieux.

Si aucun arrangement amiable n'intervenait, la partie qui désire l'état des lieux pourrait contraindre l'autre partie en l'assignant en référé devant le Président du Tribunal civil.

Celui-ci commet alors un expert avec charge d'établir l'état des lieux ; cet expert, après avoir fait signifier aux parties une sommation par huissier d'avoir à être présentes à ses opérations, aux jour et heure indiqués, sur les lieux loués, procède à ses travaux en la présence ou en l'absence des parties ; l'état dressé dans ces conditions fait foi.

FORME. — L'état des lieux peut être fait sous seing privé ou par-devant notaire (l'intervention du notaire est obligatoire dans le cas où l'une des parties ne sait pas lire).

En tout cas, il est utile, en prévision de contestation devant les Tribunaux, que l'état des lieux soit rédigé sur papier timbré ; il doit être établi en autant d'exemplaires qu'il y a d'intéressées, et chacun des exemplaires doit indiquer que cette formalité a été observée.

Il doit mentionner avec la plus grande exactitude la description détaillée de la chose louée et de toutes ses annexes et dépendances : pour chaque pièce, il doit faire ressortir l'état des escaliers, portes, fenêtres, soupiraux, ferrures et serrures, parquets, boiseries, peintures, papiers, tentures, glaces, vitres, corniches, pilastres, marbres, appareils de chauffage et appareils à gaz, plafonds, etc. ; il doit, au surplus, relater les dégradations constatées à chaque objet et leur importance.

CHAPITRE III. — *OBLIGATIONS DU BAILLEUR*

Conformément aux dispositions de l'article 1719 du Code civil, § 2, le propriétaire est tenu d'entretenir la chose louée en état de servir à l'usage auquel elle est destinée ; mais il ne saurait être déduit de ce texte que le propriétaire est dans l'obligation de faire toutes les réparations qui deviennent nécessaires au cours du bail.

En effet, il convient de diviser les réparations en deux catégories bien distinctes :

1° Les grosses réparations ;

2° Les réparations locatives ou d'entretien.

Les grosses réparations sont seules à la charge du propriétaire, les autres incombent au locataire (nous examinerons ces dernières au chapitre IV).

Grosses réparations.

Par grosses réparations, on entend celles qui sont nécessaires pour permettre au locataire de jouir des locaux, suivant la destination à laquelle ils sont affectés.

CLÔTURE ET COUVERTURE. — Le propriétaire est tout d'abord tenu de veiller à ce que le locataire soit *clos* et *couvert* ; il lui incombe donc d'entretenir en parfait état les couvertures, portes, fenêtres, fermetures de toutes espèces, planchers, murs, plafonds, etc.

ASSAINISSEMENT. — Il lui incombe également de faire procéder aux réparations prescrites par l'autorité compétente, pour l'assainissement des fosses d'aisance, des égouts, etc. ; il lui appartient également de faire entretenir en bon état : les tuyaux de descente des eaux pluviales et ménagères, ceux des lieux d'aisance ; les conduites d'électricité, de gaz et d'eau (sauf le cas de simples fuites à la charge du locataire) ; les appareils de chauffage et les appareils à bains devenus hors d'usage.

DÉGRADATIONS, FORCE MAJEURE. — Il lui appartient encore de faire remplacer les vitres brisées par un cas de force majeure : grêle ou pierre jetée de l'extérieur ; les marches cassées par le tassement ; le pavage des cours et des écuries ; de faire réparer les murs, les voûtes de dessus de four de boulangerie, la cheminée et les tuyaux du four ; de remédier aux dommages résultant d'un vice de la chose louée tels, par exemple, que les dégradations causées par la fumée s'échappant de cheminées défectueuses.

LIEUX COMMUNS A PLUSIEURS LOCATAIRES. — Il est enfin tenu des dégradations des lieux communs à plusieurs locataires, ainsi que des réparations aux objets d'un usage commun entre plusieurs locataires, tels que puits, pompes, fontaines, etc., à moins que le dommage puisse être imputé à l'un des locataires.

Non-exécution. — Tout bailleur qui ne fait pas procéder aux réparations qui lui incombent est passible de dommages-intérêts au bénéfice du locataire et même de résiliation de bail.

Pour qu'un locataire ait droit à des dommages-intérêts en pareil cas, il est nécessaire qu'il ait, au préalable, mis le propriétaire en demeure, par voie de sommation par huissier, d'effectuer les réparations utiles ; après quoi la demande de dommages-intérêts doit être portée devant le Juge de Paix dont la compétence est limitée sans appel à 300 francs et est illimitée à charge d'appel.

Au cas où, après sommation, le propriétaire n'effectuerait pas les réparations, il serait prudent pour le locataire de l'assigner en référé devant le président du Tribunal civil aux fins de nomination d'un expert, lequel serait chargé d'apprécier l'utilité des travaux et d'en autoriser l'exécution à la charge de qui il appartiendrait.

Il ne serait pas prudent qu'au lieu d'agir ainsi, le locataire fasse opérer d'office les travaux auxquels le propriétaire se refuse.

En tout cas le locataire qui procéderait ainsi ne pourrait compter faire venir en déduction du loyer le coût des réparations qu'il aurait fait faire.

Enfin, aux termes de l'article 1721 (Code civil) : « Il est dû garantie au preneur pour tous les vices ou défauts de la chose louée qui en empêchent l'usage, quand même le bailleur ne les aurait pas connus lors du bail. S'il résulte de ces vices ou défauts quelque perte pour le preneur, le bailleur est tenu de l'indemniser. »

Mais le locataire qui n'exige pas de réparations n'est pas tenu de les supporter ; dans cet état et bien qu'il subisse les inconvénients du défaut de réparations, il ne peut prétendre ni à une diminution de loyer ni à des dommages-intérêts.

Réparations urgentes. — Bien que le locataire ne soit pas obligé de supporter des réparations, exception est faite à ce principe s'il s'agit de réparations urgentes.

Le cas est prévu par l'article 1724 (Code civil) :

« Si, durant le bail, la chose louée a besoin de réparations urgentes et qui ne puissent être différées jusqu'à sa fin, le preneur doit les souffrir, quelque incommodité qu'elles lui causent, et quoiqu'il soit privé, pendant qu'elles se font, d'une partie de la chose louée. — Mais, si ces réparations durent plus de quarante jours, le prix du bail sera diminué à proportion du temps et de la partie de la chose louée dont il aura été privé. — Si les réparations sont de telle nature qu'elles rendent inhabitable ce qui est nécessaire au logement du preneur et de sa famille, celui-ci pourra faire résilier le bail. »

L'urgence des réparations peut être reconnue par les deux parties; en cas de contestations de la part du locataire, le propriétaire peut assigner celui-ci devant le président du Tribunal civil, aux fins de nomination d'expert chargé d'apprécier l'urgence; muni de l'autorisation de faire exécuter les travaux, le propriétaire peut pénétrer chez le locataire, au besoin avec l'assistance du commissaire de police ou du maire, faire procéder à l'expertise et aux réparations jugées urgentes.

DESTRUCTION, CAS FORTUIT. — S'il y a destruction totale de la chose louée par cas fortuit le bail est résilié de plein droit; si la destruction n'est que partielle, le locataire peut demander suivant le cas, ou une diminution de prix, ou la résiliation du bail; mais n'a droit à aucun dédommagement dans aucun des cas (Article 1722, Code civil).

Il convient d'établir une distinction entre la destruction totale ou partielle et les dégradations provenant d'un cas fortuit; ainsi le bris de vitres par la grêle, une toiture arrachée par un orage, par exemple, sont des réparations auxquelles le propriétaire est tenu et pour lesquelles en cas d'inexécution après mise en demeure, il est passible de dommages-intérêts au bénéfice du locataire; si, au contraire, il y a destruction totale ou partielle, le propriétaire ne doit pas de dommages-intérêts et n'est nullement tenu à la reconstruction de la partie détruite.

FORCE MAJEURE. — En cas d'expropriation d'une maison pour cause d'utilité publique (*force majeure*), le propriétaire n'est nullement tenu à des dommages-intérêts vis-à-vis de son locataire; celui-ci peut demander la résiliation du bail; si une partie de la maison demeure, il peut exiger que son bail soit continué pour cette partie de la maison dont il peut demander la mise en état, à la condition que les travaux à exécuter n'entraînent pas des dépenses exagérées.

Troubles dans la jouissance.

Aux termes de l'article 1719, Code civil, le bailleur est tenu de faire jouir paisiblement le preneur de la chose louée pendant la durée du bail.

MODIFICATION DES LIEUX. — Comme conséquence de cette obligation, le bailleur ne peut apporter de modifications aux lieux loués si elles pouvaient incommoder le locataire ou le priver d'une partie quelconque de la jouissance.

SUPPRESSION DE JOUISSANCE. — Ainsi le propriétaire ne peut pas supprimer un jardin sur lequel le locataire a vue et y faire construire une maison; il ne peut enlever le tapis d'escalier sauf pendant une courte durée nécessaire à sa réparation ou à son remplacement; supprimer le calorifère ou en suspendre le fontionnement pendant la période consacrée (du 1er octobre au 30 avril); supprimer ou restreindre l'usage du téléphone et de l'ascenseur; diminuer la lumière en condamnant des fenêtres ou des jours de souffrance; empêcher l'accès d'une cour commune.

Il ne peut autoriser un colocataire à exploiter dans l'immeuble un commerce ou une industrie illicite; il ne peut créer des servitudes qui n'existaient pas préalablement; il ne peut pas non plus faire surélever la maison sans l'assentiment du locataire.

Il ne peut se dispenser d'éclairer les corridors, vestibules et escaliers communs depuis le moment de l'arrivée de la nuit jusqu'à une heure variable et fixée par l'usage des lieux (à Paris, jusqu'à dix heures); il ne peut également supprimer le concierge.

VIOLATION DE DOMICILE. — Enfin, à moins d'y être dûment autorisé, le propriétaire ne peut pénétrer chez le locataire même s'il s'agissait de faire procéder à des réparations urgentes ou pour faire visiter les locaux, ce qui constituerait une violation de domicile.

Mais le propriétaire qui contreviendrait à ces obligations, n'aurait à en répondre vis-à-vis de son locataire qu'autant qu'il en serait résulté à l'égard de celui-ci un trouble ou une diminution de jouissance.

Nous avons vu dans quelles conditions le propriétaire peut faire procéder aux réparations urgentes.

INDUSTRIES RIVALES. — Dans un immeuble exclusivement affecté à l'habitation bourgeoise, le propriétaire ne peut introduire une industrie ou un commerce qui n'y étaient pas préalablement exercés; dans une maison qui est occupée en partie par l'industrie ou par le commerce, le propriétaire ne peut pas, lorsqu'il a loué un local pour un genre de commerce ou d'industrie, en louer un autre où serait exercé un commerce ou une industrie similaire.

Cette interdiction ne vise pas les professions libérales, à l'exception des maîtres de pensions.

TROUBLES DANS LA JOUISSANCE CAUSÉS PAR DES TIERS. — Le propriétaire doit garantir le locataire du trouble dans la jouissance qui lui est imputable et aussi du trouble causé par des tiers qui agissent en vertu de leurs droits; tel le cas où, un propriétaire voisin faisant construire un mur mitoyen ou boucher des jours de souffrance, le locataire se trouve privé dans sa jouissance; en l'espèce le locataire a droit à une réduction de loyer et même à la résiliation du bail si le dommage est important.

Le propriétaire répond encore des troubles causés par les colocataires; en pareil cas, le locataire lésé s'adresse au propriétaire, celui-ci pouvant appeler l'auteur du trouble en garantie.

Mais, en cas de trouble par un tiers étranger à l'immeuble, la responsabilité du propriétaire n'est nullement engagée.

Le propriétaire doit encore garantie au locataire contre les troubles de toute nature causés par des tiers qui, dans la maison, sont ses préposés, le concierge par exemple.

En cas de trouble de jouissance causé par ce dernier, le locataire peut demander réparation du dommage éprouvé au propriétaire et au concierge solidaires.

TRAVAUX PRESCRITS PAR L'AUTORITÉ MUNICIPALE. — Enfin le propriétaire n'est pas responsable vis-à-vis du locataire du trouble causé à celui-ci par le grattage, la peinture et le badigeonnage de la façade de la maison, à la condition que la durée de ces travaux n'excède pas quarante jours.

Ces travaux et l'époque à laquelle ils doivent avoir lieu sont prescrits par l'autorité municipale (à Paris, une fois tous les dix ans), et le locataire ne peut s'y opposer.

Avis aux Locataires

MOYEN LE PLUS PRATIQUE

pour trouver dans Paris

Chambre, Logement, APPARTEMENT, Local, etc.

M

Nous avons l'honneur de vous informer que nous sommes à votre entière disposition pour vous trouver par RECHERCHES SPÉCIALES, un appartement dans Paris ainsi qu'chambre, logement ou tout autre local que vous désireriez louer.

Moyennant une rétribution variant entre VINGT et QUARANTE francs, suivant ce qu'il vous faut, nous vous passons LISTE D'ADRESSES, cherchées spécialement pour vous et réunissant par conséquent tout ce que vous désirez, vous n'avez ainsi qu'à visiter quelques appartements qui tous remplissent les conditions voulues. Si la première liste d'adresses ne vous convient pas, nous vous en fournissons une deuxième, troisième, etc., jusqu'à complète satisfaction.

Nous n'insistons pas sur les avantages de notre proposition, vous éviterez en nous passant vos ordres, toute fatigue, perte de temps, dépenses de voitures et tramways.

Espérant que vous voudrez bien nous accorder votre confiance, nous vous présentons, M   ,
nos sincères salutations.

INDICATEUR BERTRAND

11, Rue du Louvre, 11, PARIS

N. B. — Sur votre demande, un employé se rendra chez vous *jour et heure* à votre convenance.

CHAPITRE IV. — *OBLIGATIONS DU PRENEUR*

Le preneur est tenu :
Art. 1728, Code civil, « à deux obligations principales : 1º d'user de la chose louée en bon père de famille, et suivant la destination qui lui a été donnée par le bail, ou suivant celle présumée d'après les circonstances, à défaut de convention ; 2º de payer le prix du bail aux termes convenus. »

Usage de la chose louée.

TAPAGE. — Le locataire doit user de la chose louée en homme soigneux, paisible ; il ne doit pas supporter chez lui des tapages violents susceptibles de porter atteinte à la tranquillité des autres locataires ; exception est faite pour les bruits résultant des usages mondains : soirées ou bals. L'usage abusif des instruments de musique sonores est interdit et il y a usage abusif après dix heures du soir.

RÈGLEMENTS DE LA MAISON. — Le locataire est tenu de se conformer aux règlements de la maison stipulés dans le bail ou, à défaut d'énumération dans le contrat, consacrés par l'usage des lieux.

CONSERVATION DE LA CHOSE LOUÉE. — Il est tenu de conserver la chose louée dans l'état où il l'a reçue, sauf en ce qui concerne les dégâts résultant de la force majeure ou de la vétusté.

Réparations locatives.

Le locataire est responsable des dégradations commises par lui ou par des personnes habitant dans les locaux qu'il a loués.

Art. 1730, Code civil : « S'il a été fait un état des lieux entre le bailleur et le preneur, celui-ci doit rendre la chose telle qu'il l'a reçue, suivant cet état, excepté ce qui a péri ou a été dégradé par vétusté ou force majeure. »

Art. 1731, Code civil : « S'il n'a pas été fait d'état des lieux, la préneur est présumé les avoir reçus en bon état de réparations locatives et doit les rendre tels, sauf la preuve contraire. »

Art. 1732, Code civil : « Il répond des dégradations ou des pertes qui arrivent pendant sa jouissance, à moins qu'il ne prouve qu'elles ont eu lieu sans sa faute. »

RÉPARATIONS LOCATIVES. — Ainsi le locataire doit faire procéder aux réparations locatives qui sont déterminées par l'article 1754, Code civil : Soit : « Les réparations à faire aux âtres, contre-cœurs, chambranles et tablettes de cheminées ; au récrépitement du bas des murailles des appartements et autres lieux d'habitation, à la hauteur d'un mètre ; aux pavés et carreaux des chambres, lorsqu'il y en a seulement quelques-uns de cassés ; aux vitres, à moins qu'elles ne soient cassées par la grêle ou autres accidents extraordinaires et de force majeure, dont le locataire ne peut être tenu ; aux portes croisées, planches de cloison ou de fermeture de boutiques, gonds, targettes ou serrures. »

L'usage met au surplus à la charge du locataire les réparations ci-après désignées : aux carreaux de marbre, de pierre ou de terre cuite ; au parquet (à ce propos le locataire n'est pas tenu de rendre le parquet encaustiqué et ciré alors qu'il l'aurait reçu ainsi) ; aux pièces de verre des panneaux en plomb ; aux contrevents, lambris d'appui et toutes autres menuiseries ; aux balcons et grilles en fer ; aux sonnettes et sonneries électriques (sauf dans les appartements où ces appareils sont à la charge du propriétaire) ; le ramonage des appareils de chauffage (sauf celui du calorifère chauffant la maison entière et dont l'entretien incombe au propriétaire).

RAMONAGE. — Le locataire est obligé de faire procéder assez souvent au ramonage ; si le feu se déclarait dans la cheminée et causait des dégâts, le locataire en serait responsable à moins qu'il fût à même de prouver que l'incendie n'est pas la conséquence du défaut de ramonage.

INCENDIE. — Aux termes de l'article 1733, Code civil, le locataire « répond de l'incendie, à moins qu'il ne prouve : que l'incendie est arrivé par cas fortuit ou force majeure ou par vice de construction, ou que le feu a été communiqué par une maison voisine. »

S'il y a plusieurs locataires dans l'immeuble ils sont, par application de l'article 1734, Code civil, « tous responsables de l'incendie, propor-

Contentieux des Champs-Élysées

A. RAVAUX

Ancien Principal Clerc d'Huissier à Paris

9, rue Montaigne, 9, PARIS

CABINET SPÉCIAL DE CONSULTATIONS JURIDIQUES SUR TOUTES AFFAIRES

Recouvrements sur Paris, Province et Étranger

PRÊTS HYPOTHÉCAIRES

— Avances de fonds pour construire —

RÉDACTION DE TOUS ACTES

de ventes, locations, compromis, baux, cessions, sociétés, nantissements, etc.

→ PRIX TRÈS MODÉRÉS ←

Achat — Vente — Gérance de Propriétés

NOTA. Pour les prêts hypothécaires et les avances pour construire, les renseignements sont gratuits.

Les plus grands soins sont toujours donnés aux affaires confiées au cabinet pour arriver au meilleur résultat possible.

PROPRIÉTAIRES,
LOCATAIRES,
COMMERÇANTS !

Vous pouvez tous être exposés devant un tribunal. Si vous voulez éviter les difficultés, si vous voulez les aplanir, si vous cherchez des capitaux en offrant des garanties sur immeubles, si vous voulez des capitaux pour construire, si vous cherchez un commanditaire, si vous voulez acheter, vendre une maison ou un fonds de commerce, si vous voulez faire un acte quelconque, si vous voulez vous faire représenter devant tous tribunaux, si vous voulez connaître vos droits, adressez-vous à

M. A. RAVAUX

Ancien Principal Clerc d'Huissier à Paris

9, rue Montaigne. — PARIS

Par sa pratique des affaires vous trouverez en lui le conseil éclairé, précis, expérimenté, toujours correct pour défendre vos intérêts et faire au mieux.

Il vous donnera satisfaction sans réserve.

BON DE CONSULTATION

Consultations juridiques sur toutes affaires

Prix : 2 francs

Les consultations peuvent être données par correspondances. Il suffit d'en adresser le prix à

M. A. RAVAUX, 9, rue Montaigne, 9

Avoir soin de joindre ce bon de consultation

tionnellement à la valeur locative de l'immeuble qu'ils habitent; à moins qu'ils ne prouvent que l'incendie a commencé dans l'habitation de l'un deux, auquel cas celui-là seul en est tenu; ou que quelques-uns ne prouvent que l'incendie n'a pu commencer chez eux, auquel cas ceux-là n'en sont pas tenus. »

Si le propriétaire habite dans la maison sinistrée, la présomption légale de faute existant contre les locataires cesse, et le propriétaire ne peut avoir recours que contre le locataire chez qui il est établi que l'incendie a pris naissance.

ASSURANCES. — Il est prudent pour les locataires de se faire assurer contre les risques locatifs et contre le recours des voisins, au moyen des assurances contre l'incendie; ils peuvent ainsi échapper à la grave responsabilité qui pèse sur eux en cas de sinistre.

AVARIES DIVERSES. — Le locataire est également responsable des avaries survenues aux pierres à laver ou d'évier (sauf le cas où il peut prouver que la cassure résulte d'un défaut de la pierre); aux jalousies et aux stores; aux papiers de tenture et aux peintures si leur détérioration lui est imputable.

Cette dernière obligation n'existe que pour un temps fixé par l'usage des lieux; à Paris, il est de trois ans. Passé ce délai les détériorations aux tentures et peintures sont présumées résulter de l'usure et de la vétusté, elles incombent au propriétaire.

Le locataire n'a pas à répondre des trous pratiqués dans les plafonds et dans les murs pour la pose des ciels de lits, des tringles, des patères, des tableaux, etc., à moins qu'une opération malhabile ait eu pour résultat de dégrader profondément les plafonds et cloisons, auquel cas il est responsable du dommage.

S'il s'agit d'un immeuble loué à une seule personne qui l'occupe entièrement ou la sous-loue en partie, cette personne en répond intégralement au regard du propriétaire et exerce envers les sous-locataires les mêmes droits que le propriétaire.

EXÉCUTION DES RÉPARATIONS. — Le locataire n'est pas forcé de faire procéder avant sa sortie des lieux aux réparations locatives, à moins qu'elles ne soient urgentes et que le défaut de ces réparations ne soit susceptible d'entraîner une dégradation intérieure (vitres brisées par lesquelles l'eau pourrait pénétrer, trous aux cheminées pouvant déterminer un incendie, etc.).

Constatations contradictoires. — Au moment de la sortie du locataire, le propriétaire et le locataire doivent examiner ensemble les locaux; si cet examen fait ressortir que le locataire a parfaitement rempli ses obligations locatives, le bailleur n'a rien à lui réclamer et la location se trouve ainsi purement et simplement terminée.

Lorsqu'il y a des réparations à effectuer, elles doivent l'être avant l'expiration du bail; si le locataire a quitté les lieux, l'obligation qu'il avait de faire ces réparations se transforme en une obligation à payer au propriétaire le coût des travaux à effectuer, de plus le bailleur peut demander des dommages-intérêts s'il y a eu pour lui perte de location pendant le temps employé à ces réparations.

S'il n'y a pas eu reconnaissance contradictoire des lieux et si le propriétaire a reçu les clefs et a pris possession des locaux sans aucune réserve au sujet des réparations locatives il est censé y avoir renoncé; cependant dans la pratique, il est admis qu'il pourra réclamer au locataire sortant le coût des travaux dans un délai très court (8 à 15 jours) et si un nouveau locataire n'a pas pris possession des lieux.

Poursuites. — Si le locataire refuse d'assister ou de se faire représenter à l'examen des lieux qu'il quitte, le propriétaire peut le citer en Justice de Paix aux fins de nomination d'un expert dont l'estimation fait foi, sauf quelques réductions que le Juge de Paix peut apporter en vue de la conciliation.

Si l'entente est impossible, le propriétaire peut poursuivre le locataire.

Si le locataire refuse de faire les réparations locatives ou s'il s'oppose à l'examen des locaux par le propriétaire, celui-ci a le droit de s'opposer à l'enlèvement des meubles du locataire et peut s'adresser à la police pour faire protéger son droit de gage.

GAGE. — Cependant si le locataire propose de déposer entre les mains du propriétaire ou d'une tierce personne une somme suffisante pour couvrir les frais de réparation, ou bien s'il offre de laisser des meubles d'une valeur suffisante pour garantir le montant des travaux, le propriétaire ne peut plus s'opposer à l'enlèvement du reste du mobilier.

En résumé, le locataire a la charge de toutes les réparations locatives; mais exception est faite par l'article 1755, Code civil, pour celles d'entre ces réparations qui ne sont occasionnées que par *vétusté* ou *force majeure*.

Paiement du loyer.

Entre autres obligations imposées au preneur par l'article 1728, Code civil, existe celle « de payer le prix du bail aux termes convenus. »

LIEU DU PAIEMENT. — Si les intéressés n'ont pas fixé de lieu pour le paiement, c'est au domicile du preneur qu'il doit être fait (Art. 1247 bis Code civil).

A QUI LE PAIEMENT DOIT ÊTRE FAIT. — Le paiement doit avoir lieu entre les mains du propriétaire ou de son mandataire muni de pouvoirs réguliers; le concierge n'est pas, par sa condition, mandataire du propriétaire, pour agir à ce titre il est nécessaire qu'il ait un pouvoir ou qu'il soit détenteur des quittances signées par le propriétaire.

Pour le mineur non émancipé, c'est le tuteur qui a qualité pour toucher le montant du loyer; la femme du propriétaire ne peut recevoir de paiement qu'autant qu'elle agit comme mandataire tacite de son mari.

En cas de décès du propriétaire, le paiement doit être fait à sa veuve et à ses héritiers; à défaut de veuve, il doit être fait aux héritiers; à défaut, il doit être fait au légataire universel et, s'il y a lieu, aux héritiers à réserve; tous ces paiements doivent être faits aux qualifiés pour la part qui leur revient.

En cas d'absence du propriétaire, le paiement doit être fait entre les mains de la personne chargée par la justice d'administrer ses biens ou des héritiers.

Si le bailleur est en liquidation judiciaire, le paiement ne peut être fait au propriétaire qu'autant qu'il est autorisé à le recevoir par le liquidateur judiciaire; en cas de faillite le paiement doit être fait au syndic; en cas de saisie, le paiement des loyers échus, depuis la dénonciation de la saisie, doit être fait aux créanciers inscrits.

Si le bailleur a cédé le montant des loyers à un tiers, le locataire doit payer à ce tiers à dater du jour où la cession lui aura été signifiée : en cas de vente de l'immeuble, il devra payer à l'acquéreur à dater du jour où le contrat de vente lui aura été signifié.

Si le propriétaire est une femme, le loyer doit être payé au mari à moins que les époux soient séparés de biens, auquel cas elle peut toucher les loyers des immeubles qui lui appartiennent; si les époux sont mariés sous le régime dotal, la femme peut toucher les loyers des immeubles paraphernaux.

Le paiement des loyers s'établit au moyen d'une quittance signée par le propriétaire.

Lorsque la dernière quittance peut être produite, il y a présomption que les termes antérieurs ont été payés, sauf les présomptions contraires.

La preuve du paiement des loyers peut s'établir encore par témoins au cas où la somme payée n'est pas supérieure à 200 francs.

Faux sur quittance. — Si le locataire avait reçu une quittance sur laquelle la signature du propriétaire aurait été contrefaite, il ne pourrait être rendu responsable du faux commis par le concierge; il se trouverait complètement libéré à condition qu'il n'y eût aucune faute à lui reprocher, le propriétaire étant civilement responsable des actes de son concierge.

Dates de paiement. — Le locataire est tenu de payer les loyers aux époques fixées par le contrat ou par l'usage des lieux.

A Paris, si le prix du loyer annuel ne dépasse pas 400 francs, le paiement est exigible le 8 de chaque terme : les 8 janvier, avril, juillet et octobre; si le prix du loyer annuel est supérieur à 400 francs, le paiement est exigible le 15 des mêmes mois. Ainsi, les propriétaires ne peuvent exercer de poursuites avant ces dates, suivant le cas.

A défaut de conventions ou d'usages, les loyers sont payables annuellement.

A Paris, rien ne prescrit le paiement des loyers d'avance; ainsi le propriétaire ne peut exiger le paiement à l'avance que si une convention écrite et formelle a été passée entre les parties.

Suivant les usages des lieux, les loyers sont payables :

A Marseille : par semestre, à la St-Michel et à Pâques ;

A Boulogne, Orléans, Auxerre : par semestre, à Noël et à la St-Jean-Baptiste ;

A Blois : à la fin de l'année ; en Touraine : les 25 mars (Notre-Dame de mars), 24 juin (St-Jean-Baptiste), 29 septembre (St-Michel) et 25 décembre (Noël) ; dans le Bordelais, les loyers sont payables d'avance tous les trois mois à compter du jour de la location.

OBLIGATION DE PAYER. — Il est bien entendu que le locataire n'est tenu de payer le loyer qu'autant qu'il a été mis en possession des locaux loués ; s'il y a empêchement à l'entrée en jouissance, le locataire peut réclamer ; s'il y a lieu, le loyer payé d'avance ; il peut aussi demander la résiliation du bail avec dommages-intérêts ; l'action en résiliation doit être portée devant le Tribunal civil et la demande de dommages-intérêts est de la compétence du Juge de Paix jusqu'à concurrence de 1,500 francs.

DÉFAUT DE PAIEMENT, POURSUITES. — Si, à l'époque fixée par le contrat ou, à défaut, à celle déterminée par l'usage des lieux, le locataire en possession de la chose louée n'a pas satisfait à son obligation de payer le loyer, le propriétaire a le droit d'exercer des poursuites et de demander la résiliation du bail ; si le contrat stipule que, faute de paiement, le bail est résilié, cette résiliation est entraînée de plein droit, et le propriétaire n'a pas à la demander.

La résiliation est entraînée de plein droit, lorsque le locataire a été mis en demeure par simple sommation par huissier.

La demande en paiement du loyer doit être portée par le propriétaire

devant la Justice de Paix si elle ne dépasse pas 600 francs ; au delà de ce chiffre elle est de la compétence du Tribunal civil ; il en est de même pour la demande en résiliation de bail.

Prescription.

Aux termes de l'article 2277, Code civil, les loyers des maisons sont prescrits par cinq ans ; ce délai se compte par jour et non par heure et court terme par terme.-

Passé ce délai de cinq ans, le locataire peut se refuser au paiement des termes échus.

La prescription ne peut être interrompue que par l'action en justice ou par la saisie-gagerie, ou encore par une reconnaissance signée que le propriétaire aurait pu obtenir du locataire.

Visite des locaux.

Pendant les délais déterminés par l'usage des lieux pour la signification des congés, le locataire est dans l'obligation de laisser visiter les locaux qu'il occupe encore.

Délais. — Les délais pour la signification des congés sont à Paris les suivants : six semaines pour les locations inférieures ou égales à 400 francs ; trois mois pour celles supérieures à 400 francs et six mois pour les maisons entières, les corps de logis entiers et les boutiques.

Jours et Heures. — A Paris, il est convenu par l'usage que le locataire doit laisser visiter les locaux tous les jours, jours fériés compris, de 10 heures à 4 heures. Le propriétaire ou son représentant (le concierge par exemple) peut assister à ces visites.

Absence. — En cas d'absence, le locataire doit laisser chez lui quelqu'un chargé de faire visiter les locaux ou, à défaut, confier les clefs au propriétaire.

Vente de l'immeuble. — L'obligation de laisser visiter les lieux existe encore pour le locataire, lorsque le propriétaire a mis l'immeuble en vente.

Mais, dans ce cas, l'obligation est restreinte : il est suffisant de fixer un seul jour par semaine, de dix à quatre heures.

REFUS. — Lorsque le locataire refuse de laisser visiter les lieux, le propriétaire est fondé à lui réclamer des dommages-intérêts au cas où il aurait éprouvé de ce fait un préjudice quelconque : impossibilité de louer ou location à un prix moindre.

La preuve de refus peut s'établir par témoins ou par constat d'huissier.

ECRITEAU. — Pendant les délais de congé, le propriétaire peut poser un écriteau sur les lieux à louer tant qu'il n'a pas trouvé un nouveau locataire.

Cet écriteau, suffisamment grand pour que les indications qu'il porte puissent être très lisibles, doit être posé sur la porte de l'immeuble dans lequel se trouve la boutique ou l'appartement à louer.

Suffisance de meubles.

Art. 1752, Code civil : « Le locataire qui ne garnit pas la maison de meubles suffisants, peut être expulsé, à moins qu'il ne donne des sûretés capables de répondre du loyer.... »

LIMITATION DE LA VALEUR DU MOBILIER. — La valeur du mobilier ne doit pas obligatoirement être telle qu'elle garantisse tous les termes à échoir; il est suffisant qu'elle soit au moins égale à deux termes, celui courant et celui à échoir.

EXCEPTIONS. — Une exception est faite à cette obligation lorsque, d'après la destination de la chose louée et suivant la nature du contrat, le propriétaire a dû prévoir que les locaux ne recevraient pas de meubles ou n'en recevraient que peu, lorsqu'il s'agit par exemples de salles de réunions ou de salles d'armes. En pareil cas, le propriétaire ne peut exiger que le mobilier habituellement nécessaire pour la destination des locaux.

Comme conséquence de ce droit à une garantie du loyer, le propriétaire a le droit de s'opposer à ce que le locataire enlève les meubles dont il a garni les locaux; mais ce droit ne peut être exercé que si les meubles qui restent ne sont pas suffisants pour garantir deux termes de loyer.

Egalement, le propriétaire ne peut s'opposer à l'enlèvement des meubles si le locataire offre de les remplacer soit par d'autres d'une semblable valeur, soit par une garantie pécuniaire équivalente, il en est de même s'il s'agit de meubles qui doivent servir au locataire en voyage ou encore s'il s'agit de meubles envoyés en réparation.

Le propriétaire peut s'opposer à l'enlèvement du mobilier par la force et requérir au besoin l'assistance de la police.

Si le locataire a déplacé clandestinement ses meubles, le propriétaire peut les faire réintégrer (Articles 2102, Code civil, et 819, Code de procédure civile).

La procédure à observer varie : si les meubles sont encore en la possession du locataire, le propriétaire peut les revendiquer au moyen de la saisie-gagerie; s'ils ne sont plus en la possession du locataire, le propriétaire peut les revendiquer auprès du tiers qui les détient au moyen de la saisie-revendication.

L'action doit être intentée dans les 15 jours qui suivent l'enlèvement des meubles.

La revendication ne peut s'exercer s'il s'agit de marchandises ou d'objets destinés à être vendus; de même s'il s'agit d'objets que le bailleur savait ne pas appartenir au locataire.

En vue de la *saisie-revendication*, le propriétaire doit s'adresser au Juge de Paix qui est compétent, quelle que soit la valeur du mobilier, pourvu que le loyer ne dépasse pas 600 francs; pour une location supérieure, le propriétaire doit faire présenter par avoué une requête au président du Tribunal civil.

CHAPITRE V. — *PRIVILÈGES DU PROPRIÉTAIRE.*

En ce qui concerne les obligations de locataire (réparations locatives, paiement du loyer), le propriétaire est garanti par le privilège qu'il a sur les meubles du locataire : si les meubles sont vendus par exécution de justice, le propriétaire peut être payé sur le prix de vente, de préférence à tout autre créancier.

Ce privilège s'exerce sur tout ce qui garnit les locaux sauf sur le couchage du locataire et de ses enfants, les habits qu'ils portent qui sont insaisissables, ainsi que sur l'argent monnayé, les titres de créance, les pierreries, les bijoux.

Ce privilège porte non seulement sur les meubles du locataire, mais encore sur ceux appartenant à des tiers et qui ont été placés dans les locaux sans que le propriétaire ait pu savoir qu'ils n'appartenaient pas au locataire, tels un piano, une machine quelconque en location. Exception est faite à ce principe, si à raison des circonstances ou par voie de signification, le propriétaire a su ou dû savoir qu'il s'agit de meubles n'appartenant pas au locataire : ainsi pour les objets déposés chez des fabricants pour être ouvrés ou réparés, les meubles déposés par des élèves chez les maîtres de pension.

Lorsque le propriétaire n'est pas payé de son loyer, il peut faire signifier par huissier un commandement à son locataire; ce dernier doit payer dans le jour qui suit le commandement, à défaut de quoi le propriétaire peut, le même jour, faire saisir ses meubles, c'est-à-dire les placer sous l'autorité de la justice pour la garantie de ses droits.

Il y a trois formes de la saisie : la *saisie-exécution*, la *saisie-gagerie* et la *saisie-revendication*.

SAISIE-EXÉCUTION. — Si le bail est notarié et s'il porte la formule exécutoire, le propriétaire doit agir par voie de saisie-exécution.

SAISIE-GAGERIE. — Lorsque la saisie-gagerie a été pratiquée, le propriétaire doit en demander la validité et la vente des meubles et objets saisis; le Juge de Paix est compétent si le loyer annuel ne dépasse pas 400 francs. Passé ce chiffre, le Tribunal civil est seul compétent.

Dès que la vente a été ordonnée par l'autorité compétente, l'huissier fait procéder à la vente soit après le jugement, si celui-ci est contradictoire et s'il a ordonné l'exécution provisoire; soit après les délais d'opposition si le jugement est par défaut; soit après les délais d'appel si l'exécution provisoire n'a pas été ordonnée.

Le produit de la vente, s'il n'y a aucune opposition, est versé au propriétaire jusqu'à concurrence de la créance et le surplus est remis au locataire.

La saisie-gagerie ne peut être exercée que s'il s'agit de loyers échus, c'est-à-dire dus au moment où l'on veut opérer la saisie, alors même que les loyers seraient, par les conventions ou les usages, payables d'avance.

La saisie-gagerie peut être exercée même si les meubles ont été déplacés des locaux, à la condition que la procédure soit commencée dans les 15 jours et que les meubles soient encore en la possession du locataire.

SAISIE-REVENDICATION. — Mais si au contraire les meubles ne sont plus en la possession du locataire, s'ils ont été par exemple vendus à un tiers, le propriétaire doit engager la procédure de la saisie-revendication dont il a été question au chapitre IV.

CHAPITRE VI. — *FIN DU BAIL*

« Le bail cesse de plein droit à l'expiration du terme fixé, lorsqu'il a été fait par écrit sans qu'il soit nécessaire de donner congé » (Article 1737. Code civil).

Le dernier jour de la période indiquée par le contrat, à midi, le locataire doit remettre les clefs au propriétaire.

Si, à ce moment, le locataire n'a pas quitté les lieux, le propriétaire a la faculté de se pourvoir devant le Juge de Paix, pour les locations inférieures ou égales à 400 francs, et devant le Juge des-référés ou le Tribunal, aux fins d'obtenir une ordonnance d'expulsion du locataire.

Cette ordonnance qui peut s'obtenir immédiatement peut être exécutée le jour même.

Dans le cas où il y aurait eu impossibilité d'obtenir cette ordonnance, et si le nouveau locataire s'était présenté pour entrer en possession du local, le propriétaire serait obligé de l'indemniser de tous les frais occasionnés par le retard.

Le nouveau locataire est même en droit de demander la résiliation du bail s'il ne peut prendre possession de la chose louée (Chapitre II) ; en pareil cas, le propriétaire a recours contre le locataire sortant.

Ainsi, dans le bail écrit comportant une détermination de la durée du bail, il n'est pas besoin de donner congé ; mais si le bail stipule la faculté pour chacune des parties de résoudre le contrat à certaines époques déterminées, la partie qui veut bénéficier de cette faculté doit en prévenir la partie adverse dans les délais indiqués par le bail ou, à défaut, dans le temps fixé par l'usage des lieux pour les congés. Par exemple, dans les baux conclus pour trois, six ou neuf années, les congés doivent être donnés à la fin de la troisième ou de la sixième année, en tenant compte des délais d'usage ; à défaut de quoi la location se poursuivrait jusqu'à la fin de la neuvième année, époque à laquelle elle expirerait de plein droit, sans avis préalable.

Quelle que soit la destination donnée par un locataire à la chose louée, la location n'en peut être interrompue que dans les délais particuliers à la nature de cette chose : ainsi le délai de 6 mois pour le congé d'une boutique ne se trouve modifié en rien si le locataire a fait de cette boutique un logement ordinaire.

La location qui comprend une chose principale et des accessoires (jardin, écurie, remise, appartement loué avec une boutique, etc.), ne peut être interrompue partiellement et le congé porte sur le tout, puisque ce tout forme une location indivise.

DÉLAIS DE CONGÉ. — Les délais de congé, déterminés par l'usage, sont les suivants :

1º Six mois, s'il s'agit de maisons entières, de corps de logis entiers, de magasins et de boutiques :

Le 30 juin pour sortir au terme de janvier,
Le 30 septembre — d'avril,
Le 31 décembre — de juillet,
Le 31 mars — d'octobre;

2º Trois mois pour les locations qui ne peuvent rentrer dans la catégorie précédente et dont le prix est supérieur à 400 francs :

Le 30 septembre pour sortir au terme de janvier,
Le 31 décembre — — d'avril,
Le 31 mars — — de juillet,
Le 30 juin — — d'octobre;

3º Six semaines pour les locations dont le prix ne dépasse pas 400 francs.

Le 14 novembre pour sortir au terme de janvier,
Le 14 février — — d'avril,
Le 14 mai — — de juillet,
Le 14 août — — d'octobre.

Le congé donné en dehors de ces délais n'est pas nul, il est valable pour les délais suivants.

FORME DU CONGÉ. — Le congé peut être donné verbalement ou par écrit; le congé verbal présente le grave inconvénient qu'en cas de mauvaise foi de la part de celui qui l'a reçu, il ne peut être prouvé par témoins; le congé écrit est donc préférable.

Il ne doit pas être donné par simple lettre dont la preuve, en cas de contestation, serait difficile à fournir, même s'il s'agissait d'une lettre recommandée; en effet si celui qui a reçu cette lettre refuse de la produire, rien n'établit qu'elle contenait le congé.

Il doit être donné sous forme d'un acte sous seing privé (*daté, signé par les deux parties, fait en double (de préférence sur timbre pour éviter l'amende s'il devait être produit en justice); ou d'une reconnaissance signée par la partie à qui il est donné (étant un acte unilatéral il n'a pas à être accepté, il suffit seulement que la preuve existe qu'il a été donné);* ou enfin d'un exploit d'huissier (coût 5 à 6 fr.), signifié à la personne à qui il est donné ou, dans son appartement, à une personne de sa famille ou à son service, et non au concierge.

Le congé donné par le locataire doit être remis à la personne du propriétaire ou à son gérant.

FRAIS. — Les frais du congé sont à la charge de celui qui le donne.

VISITE DES LOCAUX. — Pendant la durée des délais de congé, le propriétaire a le droit de mettre un écriteau en vue de la location et de faire visiter les locaux (Chapitre IV).

SORTIE DU LOCATAIRE. — Le locataire est tenu de quitter les locaux à l'expiration de la location (*le 8 du terme pour celles dont le prix ne dépasse pas 400 francs, le 15 pour celles d'un prix supérieur à 400 francs*) et de laisser les lieux dans l'état où ils se trouvaient lorsqu'il en a pris possession (Voir Réparations locatives, chapitre IV).

Expulsion.

Si, au jour fixé pour la sortie, soit que le bail ait pris fin, soit que les délais de congé aient expiré, le locataire refuse de quitter les lieux, le propriétaire a le droit de commencer les poursuites en expulsion.

Lorsque le loyer annuel ne dépasse pas 600 francs, le propriétaire présente une requête au Juge de Paix, afin d'obtenir l'autorisation de citer le locataire d'heure à heure, aux fins d'expulsion; à l'audience déterminée par l'ordonnance du Juge de Paix, l'expulsion est prononcée avec exécution immédiate.

Lorsque le loyer annuel dépasse 600 francs, le propriétaire fait assigner le locataire (par intermédiaire d'avoué) en référé devant le Tribunal Civil qui ordonne l'expulsion.

L'expulsion immédiate ordonnée, l'huissier se présente chez le locataire, accompagné de deux témoins et du commissaire de police; il signifie l'ordonnance d'expulsion à l'intéressé et si celui-ci persiste dans

son refus de sortir, il fait enlever des locaux tous les objets qui s'y
trouvent, ferme la porte et garde les clefs.
Les frais d'expulsion s'élèvent à 60 francs.

Non-interruption de la location.

La location n'est pas interrompue par la mort du propriétaire, elle se
continue avec ses héritiers; elle n'est pas interrompue non plus par la
vente de l'immeuble, même s'il n'y eut qu'un bail verbal : en ce cas le
propriétaire ne peut faire cesser la location qu'en donnant congé au
locataire dans les délais déterminés par l'usage.

CHAPITRE VII. — *DU CONCIERGE*

QUALITÉ. — Le concierge est considéré comme un domestique au
service du propriétaire, préposé par lui à la garde de l'immeuble; il
n'est nullement son mandataire, à moins de mandat spécial.
Le propriétaire est responsable des délits de quasi-délits commis par
le concierge dans l'exercice de ses fonctions.

OBLIGATIONS. — Le concierge est tenu à l'égard des locataires :
De recevoir les lettres, papiers et paquets qui parviennent à leur nom,

sauf les lettres et objets recommandés ou chargés qui doivent être remis directement aux destinataires par la poste ; il doit faire connaître aux locataires le nom des personnes qui sont venues les demander : il doit indiquer la porte de l'appartement du locataire aux visiteurs qui le demandent et les renseigner en même temps sur la présence ou l'absence dudit locataire ; il ne peut empêcher qui que ce soit de monter au logement d'un locataire.

Il est tenu de monter les lettres, papiers, journaux et paquets remis par la Poste au moins trois fois par jour ; de même qu'il est obligé de recevoir et de remettre les lettres et objets adressés à un étranger à la maison, reçu par un locataire, et dont ce dernier lui a donné le nom.

Il doit ouvrir la porte de la maison aux locataires ou à leurs voitures, à toute heure du jour et de la nuit.

Il doit remettre sans aucun retard au locataire les actes d'huissier qui lui sont signifiés et observer à cet égard la plus grande discrétion.

Lorsqu'un locataire a déménagé, le concierge doit indiquer sa nouvelle adresse pendant un an.

Il est tenu d'être poli vis-à-vis des locataires et des personnes qui viennent les demander ou les visiter.

Il doit surveiller la maison et s'opposer à tout acte qui aurait pour conséquence un trouble dans la jouissance au préjudice des locataires. Si des tapages extraordinaires ont lieu dans l'intérieur d'un appartement le concierge n'a aucune observation à présenter aux locataires ni à pénétrer chez eux ; il lui appartient seulement de prévenir le propriétaire ou la police.

Etrennes. — A l'occasion du jour de l'an, les locataires donnent suivant l'usage, une gratification proportionnée à l'importance du loyer, généralement 2 %; mais ces étrennes ne sont pas obligatoires et, au cas où un locataire n'en donnerait pas, le concierge n'en serait pas moins tenu de remplir à son égard les devoirs et charges qui lui incombent.

Renvoi. — Il est d'usage qu'un propriétaire peut renvoyer son concierge en le prévenant huit jours à l'avance, ou immédiatement en lui versant une somme égale à ses gages pendant huit jours ; s'il y a eu un motif très grave, il peut le renvoyer immédiatement sans indemnité.

Expulsion. — Si, après avoir été congédié, le concierge refuse de partir, le propriétaire peut le faire expulser, soit qu'il s'adresse au Juge de Paix, soit qu'il ait recours au Tribunal civil par l'intermédiaire d'un avoué.

Avis aux Locataires

MOYEN LE PLUS PRATIQUE

pour trouver dans Paris

Chambre, Logement, APPARTEMENT, Local, etc.

M

Nous avons l'honneur de vous informer que nous sommes à votre entière disposition pour vous trouver par RECHERCHES SPÉCIALES, un appartement dans Paris ainsi qu chambre, logement ou tout autre local que vous désireriez louer.

Moyennant une rétribution variant entre VINGT et QUARANTE francs, suivant ce qu'il vous faut, nous vous passons LISTE D'ADRESSES, cherchées spécialement pour vous et réunissant par conséquent tout ce que vous désirez, vous n'avez ainsi qu'à visiter quelques appartements qui tous remplissent les conditions voulues. Si la première liste d'adresses ne vous convient pas, nous vous en fournissons une deuxième, troisième, etc., jusqu'à complète satisfaction.

Nous n'insistons pas sur les avantages de notre proposition, vous éviterez en nous passant vos ordres, toute fatigue, perte de temps, dépenses de voitures et tramways.

*Espérant que vous voudrez bien nous accorder votre confiance, nous vous présentons, M   ,
nos sincères salutations.*

INDICATEUR BERTRAND

11, Rue du Louvre, 11, PARIS

N. B. — Sur votre demande, un employé se rendra chez vous jour et heure à votre convenance.

CHAPITRE VIII. — FORMULES

Engagement de location.

Entre les soussignés :

M: ..... (*nom et prénoms*), propriétaire, demeurant à ....., d'une part ;

Et M. ..... (*nom, prénoms et profession*), demeurant à ....., d'autre part ;

Il a été convenu et arrêté ce qui suit :

M. ....., propriétaire d'une maison sise à ....., rue ....., n° ..., donne à loyer à M. ....., l'appartement situé au ... étage de ladite maison, appartement composé de ... pièces.

Le prix du loyer annuel est de ..... francs, payables par trimestre aux époques habituelles.

M. ..... s'engage à livrer les lieux à M. ..... le ......

Fait en double à ....., le .....

Signature du propriétaire.   Signature du locataire.

Bail.

Entre les soussignés :

M. ..... (*nom et prénoms*), propriétaire, demeurant à ....., d'une part.

Et M. ..... (*nom, prénoms et profession*), demeurant à ....., d'autre part ;

Il a été convenu et arrêté ce qui suit :

M....., propriétaire d'une maison sise à........, rue........, n°...; donne à loyer à M....., acceptant ;

Pour....... années consécutives commençant à courir le........, pour pendre fin le.......[1];

Un appartement situé au... étage de ladite maison, composé de... (*suit la désignation de toutes les parties de l'appartement et leur affectation particulière*[2]).

Le prix du loyer annuel est fixé à la somme de.... francs, que le preneur s'engage à payer (*d'avance*) par trimestre aux époques habituelles au bailleur, en espèces ayant cours,

Le premier paiement aura lieu le.....

Le preneur s'engage en outre à exécuter, sans aucune diminution du prix du loyer, les conditions suivantes (*suit l'énumération des charges du locataires concernant la suffisance des meubles, les réparations locatives, l'usage de la chose louée, le ramonage des appareils de chauffage l'assurance contre l'incendie, le règlement de la maison, les charges municipales et de police, etc.*).

A défaut de paiement d'un terme de loyer à l'époque convenue ou faute d'avoir exécuté une des clauses précitées, le bail sera résilié de plein droit, un mois après simple commandement demeuré sans effet, sans que le propriétaire ait à remplir aucune formalité judiciaire et ce, sans préjudice des dépens et dommages-intérêts.

L'enregistrement du présent contrat à la charge du locataire.

Fait en double, à...... le....

Signature du propriétaire.   *Signature du locataire.*

Etat des lieux.

Les soussignés :

M......., propriétaire d'un immeuble sis à....., rue........, n°...,
et M. ......, locataire d'un appartement situé au ... étage dudit immeuble (*ou d'une boutique, ou de la maison entière*), en vertu d'un contrat de bail passé le....[3];

Après avoir procédé à l'examen détaillé de toutes les parties dudit appartement, ont constaté ce qui suit :

(*Description détaillée de chacune des parties et, pour chaque partie, indication minutieuse des dégradations constatées.*)

Fait en double à..... le....

Signature du propriétaire.   *Signature du locataire.*

Résiliation amiable.

Entre les soussignés :

M. ......, propriétaire, demeurant à..... ;

Et M. ...... locataire d'un appartement situé au..... étage d'une maison sise à ....., rue ....., n°...

1. Lorsque le bail est contracté pour 3, 6 ou 9 ans et qu'il est résiliable à la fin de chaque période, on écrit : Pour trois, six ou neuf années, résiliable à la volonté des parties, à l'expiration de chacune de ces périodes, avec obligation pour les parties de se prévenir mutuellement six mois à l'avance.

2. S'il s'agit d'une maison entière ou d'un corps de logis entier, avoir soin d'en énumérer toutes les parties : appartements, chambres, caves, cours, jardins, décharges et tous autres accessoires.

3. Si l'état des lieux est établi par un ou plusieurs architectes, ceux-ci doivent être nommés sur l'acte (*nom, qualité et adresse*) et ils doivent signer avec les parties.

Il a été convenu et arrêté ce qui suit :

Les parties déclarent résilier purement et simplement, à partir du ...., le bail consenti par M. ..... à M. ....., de l'appartement ci-dessus désigné, suivant contrat en date du .....

Le preneur devra vider les lieux le ......; au plus tard à midi, et se conformer à toutes les charges à lui imposées par la loi ainsi qu'à celles prévues par le bail.

Ladite résiliation est faite moyennant paiement par M..... d'une somme de ..... à M...... et aux conditions suivantes (*suit l'énumération des conditions convenues entre les parties*).

Fait en double....., le.....

Signature du propriétaire.   *Signature du locataire.*

Congé.

Entre les soussignés : -

M. ..... (*nom et prénoms*), propriétaire, demeurant à .....;

Et M. ..... (*nom, prénoms et profession*), demeurant à .....;

Il a été convenu et arrêté ce qui suit :

M. ..... donne par le présent congé à M. ....., l'acceptant, de l'appartement situé au ..... étage de la maison sise à ....., rue ....., n°.....

Ledit congé devant avoir effet le ..... (date de l'expiration du congé).

Fait en double à ..... le .....

Signature du propriétaire.   *Signature du locataire.*

Reconnaissance du congé.

Le soussigné :

..... (*nom, prénoms, profession, adresse*), reconnaît avoir reçu de M. ..... (*nom, prénoms, profession, adresse*), congé de l'appartement situé au ..... étage de la maison sise à ....., rue ....., n°.....

Ledit congé devant avoir effet le .....

Fait à ....., le .....

Signature.

Requête au Juge de Paix aux fins d'expulsion du concierge.

A Monsieur le Juge de Paix de .....

Le soussigné :

....., propriétaire d'un immeuble sis à ....., rue ....., n° ...., a l'honneur de porter à votre connaissance qu'il a donné ordre au sieur ....., concierge dudit immeuble, d'avoir à vider les lieux sans aucun délai; que, nonobstant cet ordre, le sieur ..... persiste à demeurer, bien que le requérant lui ait offert, conformément à l'usage, huit jours d'indemnité.

En conséquence, le soussigné demande qu'il vous plaise, Monsieur le Juge de Paix, l'autoriser à faire citer à bref délai le sieur ....., sans préliminaire du billet d'avertissement, pour ce jour, à telle heure qu'il vous conviendra de désigner, aux fins d'expulsion.

Et vous ferez justice.

Fait à ....., le .....

Signature.

QUELQUES MOTS

SUR LE

RÉGIME HYPOTHÉCAIRE

Nous tenons de M. **Albert DUPONT**, Receveur de Rentes, **59, rue de Provence à Paris**, l'étude qui suit, sur le régime hypothécaire. Ancien commis principal des Hypothèques de la Seine, administrateur du Journal des Conservateurs des Hypothèques, et membre de la Chambre syndicale des Propriétaires de Paris. M. **DUPONT**, qui s'occupe spécialement de prêts hypothécaires, gérance et vente d'immeubles, était qualifié pour faire cette étude qui ne manquera pas d'intéresser nos lecteurs.

La propriété immobilière représente à Paris une partie si importante de la fortune publique que de près ou de loin, elle nous intéresse tous, soit comme propriétaires, capitalistes faisant ou pouvant faire des prêts hypothécaires ou simplement comme porteurs de titre du Crédit Foncier de France ou autres établissements s'occupant d'opérations ou de placements immobiliers.

A ce titre, j'ai pensé que quelques renseignements sur notre régime hypothécaire seraient ici à leur place. Ce régime prend place sous le titre XVIII du livre III du Code civil.

Faisant grâce au lecteur de l'énonciation des nombreuses lois qui l'ont établi ou modifié, je l'entretiendrai de l'hypothèque et de sa conservation.

L'hypothèque est un droit réel, qui, bien que laissant au propriétaire l'exercice de tous droits inhérents à la propriété, confère au créancier un droit de préférence à l'égard des autres créanciers de son débiteur, sur le prix de l'immeuble hypothéqué et un droit de suite qui lui permet de suivre son gage entre les mains des acquéreurs ou représentants quelconque de son débiteur.

L'hypothèque est par sa nature indivisible, elle subsiste en entier sur tous les immeubles affectés, sur chacun et sur chaque portion de ces immeubles.

Il y a trois sortes d'hypothèques : légales, judiciaires ou conventionnelles. L'hypothèque légale comprend : l'hypothèque des femmes mariées contre leur mari, celles des mineurs et interdits contre leur tuteur et celles dont sont grevés certains comptables de deniers publics au profit de l'Etat, des communes ou dés Etablissements publics.

Cette hypothèque frappe tous les biens présents et à venir du grevé.

L'hypothèque judiciaire grève tous les biens présents et à venir du débiteur, elle résulte des jugements, arrêts et sentences judiciaires et de certaines contraintes administratives.

L'hypothèque conventionnelle, qui nous intéresse le plus, est, comme son nom l'indique, celle qui est librement consentie ; elle doit être constituée par acte reçu par un notaire, sur immeuble spécialement désigné.

L'obligation hypothécaire donne naissance à un droit d'enregistrement de 1,25 % en principal et décimes, et dans le ressort de la Cour de Paris, l'honoraire du notaire est de 1 % jusqu'à 500.000 francs. Ce tarif décroît au-dessus de cette somme.

Par les soins du notaire, l'hypothèque est inscrite à la Conservation des hypothèques dans le ressort duquel se trouvent les biens affectés, moyennant un droit d'inscription de 0,25 %.

Cette inscription a pour objet de déterminer le rang des créanciers hypothécaires, rang datant du jour où cette inscription a été prise.

L'inscription ne conserve l'hypothèque que pendant dix ans, elle doit être renouvelée avant l'expiration de cette durée.

En principe, les droits et frais d'hypothèque sont à la charge de l'emprunteur.

Créés par la loi du 11 brumaire an VII, les conservateurs des hypothèques sont chargés d'inscrire sur des registres spéciaux, à la date de leur dépôt, les inscriptions hypothécaires déposées à leur bureau et de transcrire sur d'autres registres : 1° tout acte entre-vifs, translatif de propriété immobilière ou de droits réels susceptibles d'hypothèque; 2° tout acte portant renonciation à ces mêmes droits; 3° tout jugement qui déclare l'existence d'une convention verbale de la nature ci-dessus exprimée; 4° tout jugement d'adjudication autre que celui rendu sur licitation au profit d'un cohéritier ou d'un copartageant.

Ils doivent également transcrire : 1° tout acte constitutif d'antichrèse, de servitude, d'usage et d'habitation; 2° toute acte portant renonciation à ces mêmes droits; 3° tout jugement qui en déclare l'existence en vertu d'une convention verbale; 4° les baux d'une durée de plus de dix-huit années; 5° tout acte ou jugement constatant, même pour bail de moindre durée, quittance ou cession d'une somme équivalente à trois années de loyers ou fermages non échus.

La transcription a pour effet de rendre opposable au tiers les droits résultant des actes et jugements qui viennent d'être énoncés.

A partir de la transcription, les créanciers ayant hypothèque judiciaire ou conventionnelle ne peuvent utilement prendre inscription.

Pour ces formalités, les Conservateurs perçoivent des salaires déterminés par le décret du 21 septembre 1810 et quelques autres décrets ultérieurs. Ces salaires n'augmentent que fort peu les frais des transactions ou opérations immobilières, et si nous souhaitons la réduction de ces frais c'est surtout en ce qui concerne les droits de mutation, que les nécessités budgétaires obligent à maintenir et menacent quelquefois d'élever, alors que l'intérêt public serait de les voir diminuer.

Les transactions augmentant, le Trésor ne perdrait rien à cette heureuse modification, que nous ne pouvons, hélas, que souhaiter.

Je reviens aux Conservateurs, pour indiquer que leurs registres sont publics, c'est-à-dire que sur réquisition, et moyennant salaires, toute personne peut se faire délivrer dans une conservation, l'état des inscriptions prises contre un propriétaire dont elle doit fournir les noms et prénoms, il en est de même pour les copies de transcriptions.

Les Conservations des hypothèques sont installées, en province, au chef-lieu de chaque arrondissements.

Elles sont au nombre de dix à Paris, pour le département de la Seine :

Les 2 premières, rue d'Assas, n° 70, ont comme circonscription les douze premiers arrondissements de Paris ;

Les 3e, 4e, 5e, 6e, 7e, rue Lacondamine, n° 20, ont comme circonscription les 16e, 17e, 18e, 19e et 20e arrondissements de Paris et les communes de l'ancien arrondissement de Saint-Denis, moins Rosny et Villemomble.

Les 8e, 9e et 10e, rue Campagne-Première, n° 23, comprenant les 13e, 14e et 15e arrondissements de Paris et les communes de l'ancien arrondissement de Sceaux, plus Rosny et Villemomble.

Cette rapide étude ne me permet pas d'entrer dans de plus longs développements. Notre système hypothécaire assure la sécurité des transactions et des placements immobiliers que je ne saurais trop recommander. L'immeuble est le placement préféré des sages, s'il n'est pas le plus productif, il est toujours le plus sûr ; et cela est à considérer dans un temps où acquérir un capital est difficile, mais savoir le conserver, plus difficile encore.

A. DUPONT ✿.

M. DUPONT, 59, rue de Provence, Paris, se tient gratuitement à la disposition des personnes qui voudraient le consulter ou désireraient obtenir l'indication complète des divisions territoriales des Conservations des hypothèques de la Seine.

TABLE DES MATIÈRES

La Roche-sur-Yon. — Imprimerie Spéciale de l'*Indicateur* Bertrand.

www.ingramcontent.com/pod-product-compliance
Ingram Content Group UK Ltd.
Pitfield, Milton Keynes, MK11 3LW, UK
UKHW021128140726
13695UKWH00004B/1786